Kinder haben Rechte

Du kannst das Bild auch mit Streichhölzern legen.

1. Kannst du nach den Ferien schon superschlau denken? Dann betrachte das Bild oben. Überlege, welche fünf Streichhölzer du wegnehmen musst, damit drei Quadrate übrig bleiben. Streiche diese Hölzer durch.

2. Wie gefällt dir Aufgabe 1? Schreibe deine Meinung auf. Begründe in einem Satz.

_____

_____

3. Kennst du die lateinischen Bezeichnungen der Wortarten und Satzglieder? Löse das Rätsel, indem du das gesuchte Wort aus den markierten Buchstaben richtig zusammensetzt (● = großer Buchstabe, • = kleiner Buchstabe). Schreibe sie auf.

1. Das Wort beschreibt, wie etwas ist.
2. Wir schreiben das Wort groß.
3. Sie begleiten Namenwörter.
4. Dieses Wort gibt es in verschiedenen Zeiten.
5. Wir fragen: wer oder was?
6. Wir fragen: was tut?
7. Sie stehen oft anstelle eines Namenwortes.

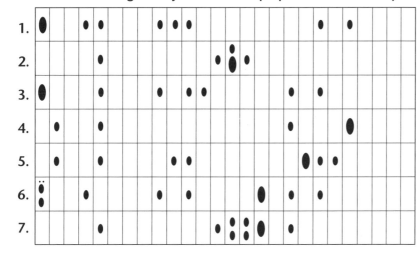

zu Seite 7/8 — **1**

Wie viele Wörter stehen im Koffer?

Kinder haben Rechte,
wollt ihr sie schnell hören?

Kinder haben Rechte,
dürfen wir euch stören?

Kinder brauchen Freunde,
Platz um zu toben, keine Zäune,

gesunde Luft und sauberes Wasser.
Haben Kinder Rechte?

1. Unterstreiche alle Nomen blau, Verben rot und Adjektive grün.

2. Lies im Koffer von oben nach unten. Kreise in jeder Spalte alle Pronomen mit hellblauer Farbe und alle Artikel mit dunkelblauer Farbe ein. Schreibe sie auf.

Artikel   **Pronomen**

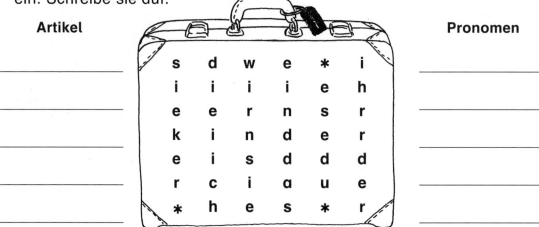

3. Welches Wort bleibt in Aufgabe 2 stehen? Schreibe damit einen Satz.

_____

_____

4. Verkürze Kemals Sätze auf Subjekt und Prädikat.
Schreibe die verkürzten Sätze auf.

Manchmal habe ich Recht.

_____

Alle Menschen haben Angst vor Krieg.

_____

Kinder wünschen sich Frieden in der Welt.

zu Seite 8/9

So kannst du dich entspannen, bevor du übst: Schließe deine Augen und reibe deine Schläfen mit dem Zeigefinger.

1. In den Plakaten der Kinder haben sich Fehler eingeschlichen. Vergleiche Wort für Wort. Markiere die Fehlerstelle. Schreibe das Wort richtig in Schreibschrift in das dritte Plakat.

GESETZ	GESEZ
GESCHEFT	GESCHÄFT
BERUFE	BERUHFE
SCHIMFEN	SCHIMPFEN
JUGEND	JUGENT
FERIEN	FEIREN
BISCHEN	BISSCHEN

2. Ergänze die fehlenden Silben der Arbeitswörter.

_____ -ders   _____ -fung   ___-___ -nen

_____ -tig   _____ -laub   _____ -der

_____ -quem   ___-___ -de

rich- je- Ur- ge- Ge- an- -win- Imp- -mein- be- -ders

3. Wähle aus den Arbeitswörtern von Aufgabe 1 und 2 je ein Wort. Schreibe Sätze in dieser oder einer anderen Geheimschrift:

SCHREIBESÄTZEINDIESERODEREINERANDERENGEHEIMSCHRIFT.

_____

_____

_____

4. Markiere Nomen, Adjektive und Verben in deinen Sätzen von Aufgabe 3 in verschiedenen Farben.

zu Seite 10/11

*Wie oft kommt das Wort **wie** auf der ganzen Seite vor?*

Bilderwelten

1. Der Bildhauer Weiß, der Fotograf Braun und der Maler Grau treffen sich. „Einer von uns hat weiße, einer braune und einer graue Haare, aber keiner hat die Haarfarbe, die seinem Namen entspricht", sagt der Braunhaarige. „Das stimmt", antwortet Bildhauer Weiß. Welche Haarfarbe hat der Maler?

    a) weiß   **b)** braun   **c)** grau

2. Suche passende Vergleiche.

riesig wie   *ein Hochhaus*

schnell wie   _____

klarer als   _____

weich wie   _____

höher als   _____

3. Ordne richtig ein.   am größten   hell   sicherer   schön   besser   am meisten   glatt   mehr   am besten

Grundstufe	Höherstufe	Höchststufe

4. Als oder **wie**? Setze richtig ein.

Das linke Foto ist größer _____ das rechte Foto.

So groß _____ ein Fußballfeld ist das Museum.

Das Gemälde war bunt _____ eine Blumenwiese.

Sandras Malkasten hat mehr Farben _____ Tims.

zu Seite 16/17

1. Was bedeuten diese Zeichen?

2. Entwirf eigene Zeichen.

Laufen verboten	Forscherecke im Klassenzimmer	_____

3. Kannst du die Botschaft der Klasse 4a lesen? Schreibe einen Satz in Bildersprache. Kann ihn jemand übersetzen?

HALLO   WIR   BRIEF   SPIELEN   MÖGEN   UND   SCHREIBEN   SINGEN

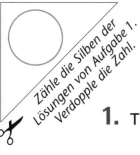

Zähle die Silben der Lösungen von Aufgabe 1. Verdopple die Zahl.

1. Trage Wörter mit doppeltem Mitlaut ein. Überprüfe mit der Wörterliste.

Gegenteil von rau _____

Messer, Gabel und ... _____

Ausweis _____

hinten auf einem Fußballtrikot _____

Sehhilfe _____

2. Kreise das Wort im Wort ein. Schreibe es darunter.

P(ass)	Schatten	Brille	hoffen	stimmen	messen
Ass					

3. Mache den Doppelmitlaut am Schluss hörbar. Verlängere die Wörter und schreibe sie getrennt auf.

glatt – glat-ter   Kuss – _____   Brett – _____

voll – _____   Schiff – _____   komm – _____

Pass – _____   miss – _____   Mann – _____

4. Schreibe lustige Sätze mit möglichst vielen Doppelmitlaut-Wörtern aus der Wörterliste. Markiere kurze Selbstlaute und Umlaute mit einem Punkt.

Löffel und Messer hoffen am Mittag auf Schatten.

_____

_____

5. Schreibe drei eigene Beispiele auf: au(ss)ägen – aus-sägen
Moto(rr)ad – Motor-rad

_____

_____

zu Seite 19

Zukunftsvisionen

1. Jeder Roboter hat ein Muster auf seinem Schild. Die Roboter haben sich in einer bestimmten Reihenfolge aufgestellt. Welches Muster hat der letzte Roboter auf seinem Schild? Zeichne es ein.

2. Welche Wörter machen deutlich, dass etwas in der Zukunft passieren wird? Male an.

bald · ich wähle · er rührte · vorgestern · vor ein paar Tagen · wir werden wählen · wir · nächste Woche · übermorgen · heute · demnächst

3. Was haben die Kinder vorher gedacht? Setze die Verben in die Zukunft.

Ich bin vom Kasten gesprungen.

Wir fahren mit der Bahn.

Ich schrieb es fehlerfrei.

4. Suche die Verben, die in der Zukunft stehen. Unterstreiche das Hilfsverb und das Verb in unterschiedlichen Farben.

Wir fahren mit der Bahn von München nach Leipzig. In zehn Minuten werden wir Leipzig erreichen. Dort hat vor einigen Tagen die Messe begonnen. Diese werden wir besuchen. Außerdem werden wir die Stadt erkunden. Leipzig hat nämlich viele Sehenswürdigkeiten.

zu Seite 24/25

*Wie oft hast du **ihm** bei Aufgabe 2 eingesetzt?*

1. Erkennst du die Wörter? Die Wörterliste hilft dir.

| | | ä | h | | | | | | ü | h | | |

| | ä | h | | | | ü | h | | | a | h | |

| ä | h | | | | | a | h | | | a | h | |

| ä | h | | | | | e | h | | | | | |

| e | h | | | | | o | h | | | u | h | |

2. Setze **in** oder **ihn**, **im** oder **ihm** ein.

Robert ist mein Freund. _____ vertraue ich _____ jeder Lebenslage.

_____ unserem Garten spiele ich oft mit _____. Auch _____ den Ferien

treffe ich _____ oft. Ich bin mit _____ letzte Woche _____ Kino gewesen.

3. Suche je einen Verwandten. Spüre in allen Wörtern das Dehnungs-h und den vorhergehenden Selbstlaut oder Umlaut nach.

kühl – *küh*len   Stuhl – _____

gefährlich – _____   Draht – _____

Bahn – _____   rühren – _____

Lehrer – _____   wählen – _____

4. Bilde die passende Form. Schreibe so:

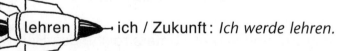

lehren → ich / Zukunft: *Ich werde lehren.*

rühren > er / 2. Vergangenheit _____

spielen > du / Gegenwart _____

wählen > ihr / Zukunft _____

zu Seite 26/27

1. Was denkt und spricht Otto Lilienthal? Schreibe auf.

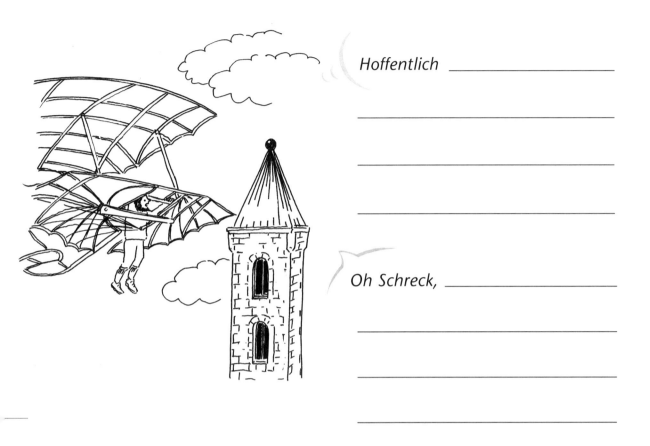

Hoffentlich _____

_____

_____

_____

Oh Schreck, _____

_____

_____

_____

2. Welcher Höhepunkt gefällt dir am besten? Warum? Umkreise ihn.

... Das Fluggerät drehte sich zur Seite. Er war darüber nicht erfreut. Er überlegte, was er tun könnte. Das Fluggerät würde wahrscheinlich bald kaputt sein ...

... Sein Fluggerät drehte sich gefährlich zur Seite. Otto Lilienthals Herz blieb fast stehen vor Angst. Er zitterte am ganzen Leib. Es war zu schrecklich! Gleich würde er abstürzen ...

... Schreckliche Angst überkam Otto Lilienthal auf einmal. Sein Fluggerät kippte zur Seite. Er hatte viel Holz benötigt, um das Fluggerät zu bauen. Sein Großvater wäre stolz auf ihn gewesen. Sein Großvater wäre nämlich auch gerne geflogen. Wahrscheinlich hätte er jetzt Rat gewusst. Gleich würde Otto Lilienthal nämlich abstürzen ...

3. Du bist nun der Lehrer. Verbessere die Höhepunkte von Aufgabe 2, wo es nötig ist. Verwende die Korrekturzeichen, die ihr in der Klasse vereinbart habt.

Zähle die Selbstlaute des Lösungswortes von Aufgabe 3.

Miteinander in einer Welt

1. Lisa will nach Australien reisen. Ihre drei Koffer stehen nebeneinander: ein brauner, ein gelber und ein blauer.
   Der blaue Koffer ist leichter als der braune. Er ist auch leichter als der gelbe. Welcher Koffer ist am schwersten?

   a) blau   **b)** nicht bestimmbar   **c)** gelb
   d) braun   **e)** braun und gelb sind gleich schwer

2. In jedem Umriss versteckt sich ein Wort. Ein Buchstabe ist jeweils zu viel. Kreise ihn ein. Notiere die Wörter.

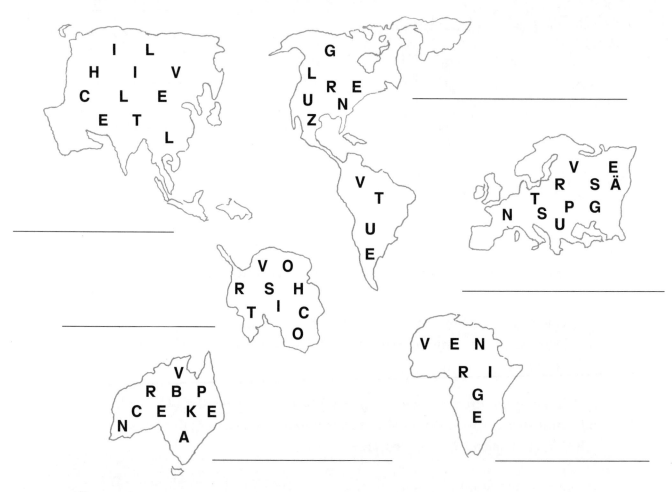

3. Bilde aus den übrig gebliebenen Buchstaben von Aufgabe 2 ein Wort. Schreibe mit diesem Wort einen Satz.

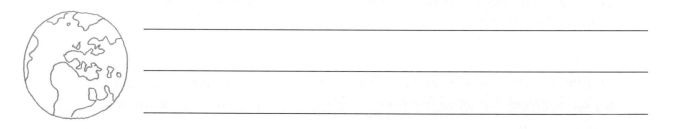

1. Entscheide, ob die Wörter mit **V/v** oder **F/f** geschrieben werden.

8 __erbieten   1 bra__   3 zu__rieden   9 Er__olg   2 __orher

7 __erkehr   12 __orsichtig   5 __öllig   10 unge__ähr   14 __oll

18 __orbei   17 __erbrennen   6 __erbrauchen   13 __erschieden

15 schar__   16 __ertig   11 __erschmutzen   4 Tele__on

Schreibe die Wörter nach Nummern in die Felder.
Male nur die Felder mit **V/v** rot aus.

1	7	13
2	8	14
3	9	15
4	10	16
5	11	17
6	12	18

Wie heißt das Land mit dieser Flagge? _____

2. Verbinde die Kästchen mit der richtigen Antwort.

Zweimal NEIN, dreimal JA.

Bei wörtlicher Rede kann der Redebegleitsatz vorne oder hinten stehen.

Bei wörtlicher Rede verwendet man nur manchmal Satzzeichen.

JA   NEIN

Wenn der Redebegleitsatz hinten steht, wird davor ein Komma gesetzt.

Ist die wörtliche Rede ein Aussagesatz und steht der Redebegleitsatz hinten, setzt man keinen Punkt in der wörtlichen Rede.

Wenn der Redebegleitsatz vorne steht und die wörtliche Rede ein Aussagesatz ist, fallen alle Punkte weg.

Wie viele verschiedene Kindernamen findest du auf dieser Seite?

| ? | ! | , | . | „ " | . | : |

1. Unterstreiche alle Redezeichen. Markiere den Redebegleitsatz rot und die wörtliche Rede gelb. Kreise alle anderen Satzzeichen grau ein.

> Samira sagt: „Auf der Erde gibt es fünf
> Kontinente sowie die Arktis und die Antarktis."
> Timo fragt: „Stimmt das?"
> „Klar!", ruft Akba.
> „Und wie ist das mit den Meeren?", fragt Bob.
> Ann erklärt: „Das Wasser der Erde ist in drei
> Ozeane und zwei Eismeere aufgeteilt."

2. Jedes Kind erzählt von seinem Land. Ergänze die Redezeichen und Satzzeichen.

> Timo berichtet   Bei uns fahren die Kinder im Winter Schlitten
> In unserem Land gibt es noch eine Königin und wir trinken
> gerne Tee   erzählt Ann
> Viele Indianer in Nordamerika leben in Reservaten   erklärt Bob
> Samira fragt   Wusstet ihr, dass es bei uns noch Tiger gibt

3. Setze die fehlenden Redezeichen und Satzzeichen ein.

> Kann man für etwas bestraft werden, was man nicht gemacht hat
> fragt Susanna die Lehrerin
> Nein, das wäre ungerecht   antwortet Frau Schmidt
> Super! Ich habe nämlich meine Hausaufgaben nicht gemacht
> jubelt Susanna

4. Kannst du diesen Satz in eine wörtliche Rede mit Redebegleitsatz umwandeln? Markiere farbig wie in Aufgabe 1.

Pablo flüstert Timo zu, dass er ihn gern hat.

Eine Reise durch die Ozeane

1. Ziehe drei gerade Striche so, dass jeder Fisch sein eigenes gleich großes Aquarium hat.

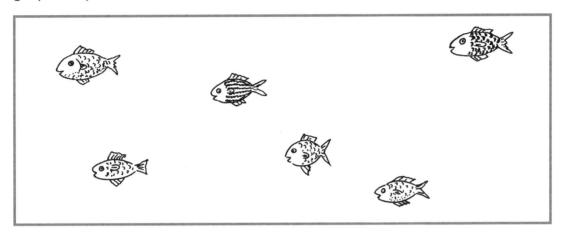

2. Kannst du mindestens sechs Wörter bilden?
Beginne bei einem beliebigen Buchstaben und folge den Linien, um ein Wort zu bilden. Du darfst die Buchstaben mehrmals anlaufen, auch nacheinander. Findest du noch andere Wörter? Schreibe sie dazu.

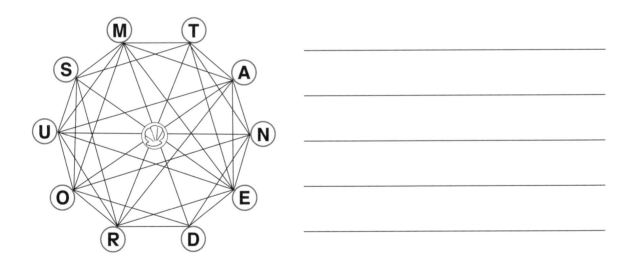

3. Erkennst du die Wörter? Schreibe sie richtig auf.

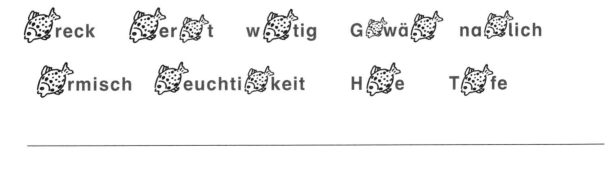

zu Seite 42

Wie oft kommt der 3. Fall bei Aufgabe 2 vor?

1. Suche zu den Fragen die passenden Antworten. Male Frage und Antwort in der gleichen Farbe an. Unterstreiche das Satzglied, das dir die Antwort gibt, und bestimme den Fall.

Wer oder was gelangt ins Meer?	Das Öl zerstört das Gefieder der Seevögel. ___.F
Wen oder was zerstört der Mensch?	Der Mensch schadet mit seiner Verschmutzung allen Meeresbewohnern. ___.F
Wessen Gefieder zerstört das Öl?	Viele Gifte gelangen durch die Überdüngung ins Grundwasser und somit ins Meer. ___.F
Wem schadet der Mensch?	Seit vielen Jahren zerstört der Mensch seine Umwelt. ___.F

2. Setze die passenden Nomen mit Artikel ein. Notiere darunter die Fälle.

Meer   Natur   Müll   Fabrik   Gift

Die Zukunft unserer Meere

Seit vielen Jahren geht der Mensch nicht sehr sorgsam mit seiner

Umwelt um. Er belastet dadurch _____ . _____
                                               4. F

haben lange ihre Giftabfälle in die Flüsse geleitet. Immer noch wird

ein großer Teil _____ auf hoher See verbrannt und ins Meer

geworfen. _____ sickern durch Mülldeponien in das

Grundwasser. Menschen sollten lernen _____ mit mehr

Achtung zu begegnen.

zu Seite 44/45

1. Setze das Nomen in den angegebenen Fall.

der Fisch _____ (2. Fall)   die Muscheln _____ (1. Fall)

ein Pferd _____ (3. Fall)   der Fuchs _____ (4. Fall)

die Tiere _____ (3. Fall)   eine Maus _____ (2. Fall)

die Hunde _____ (4. Fall)   die Pflanze _____ (3. Fall)

2. Vervollständige die vier Sätze. Wie kannst du nach den Nomen fragen? Notiere die Frage darunter.

Der Wal _____ .

_____ ?

_____ des Wals _____ .

_____ ?

_____ dem Wal _____ .

_____ ?

_____ den Wal _____ .

_____ ?

3. Wähle ein Nomen aus. Bilde damit vier Sätze. Achte darauf, dass das Nomen immer in einem anderen Fall steht.

Schiff   Muschel

_____

_____

_____

_____

zu Seite 46

Zähle die Subjekte im Zirkustext. Verdopple.

Manege frei

Titus wirft dem Jongleur Timo 20 rote und 16 blaue Bälle zu. Dieser behält acht rote und sieben blaue Bälle. Fünf rote und drei blaue Bälle wirft er seiner Partnerin Tina zu. Die restlichen Bälle wirft er Titus zurück.
Nun gibt Tina Timo zwei rote Bälle zurück. Titus wirft Timo von seinen roten Bällen wieder zwei zu und von seinen blauen Bällen vier.

1. Wie viele blaue und wie viele rote Bälle hat Timo nun?

   blaue Bälle: ◯   rote Bälle: ◯

2. Unterstreiche in den Sätzen von Aufgabe 1 das Subjekt blau, das Prädikat rot, das Objekt im 3. Fall grün und das Objekt im 4. Fall gelb.

3. Schreibe die Sätze zu Ende. Setze ein passendes Objekt ein.

   Klaus besucht **den Zirkus**. (O4)

   Die Kinder bewundern _____. (O4)

   Das Halsband gehört _____. (O3)

   Das Lama frisst _____. (O4)

   Die Frau hilft _____. (O3)

   Der Clown singt _____. (O3 und O4)

4. Schreibe zu den Bildern Sätze. Die Sätze müssen die Satzglieder in der angegebenen Reihenfolge enthalten.

Subjekt – Prädikat – O3 – O4

_____

O3 – Prädikat – Subjekt – O4

_____

O4 – Prädikat – Subjekt – O3

_____

Satzgliederblume

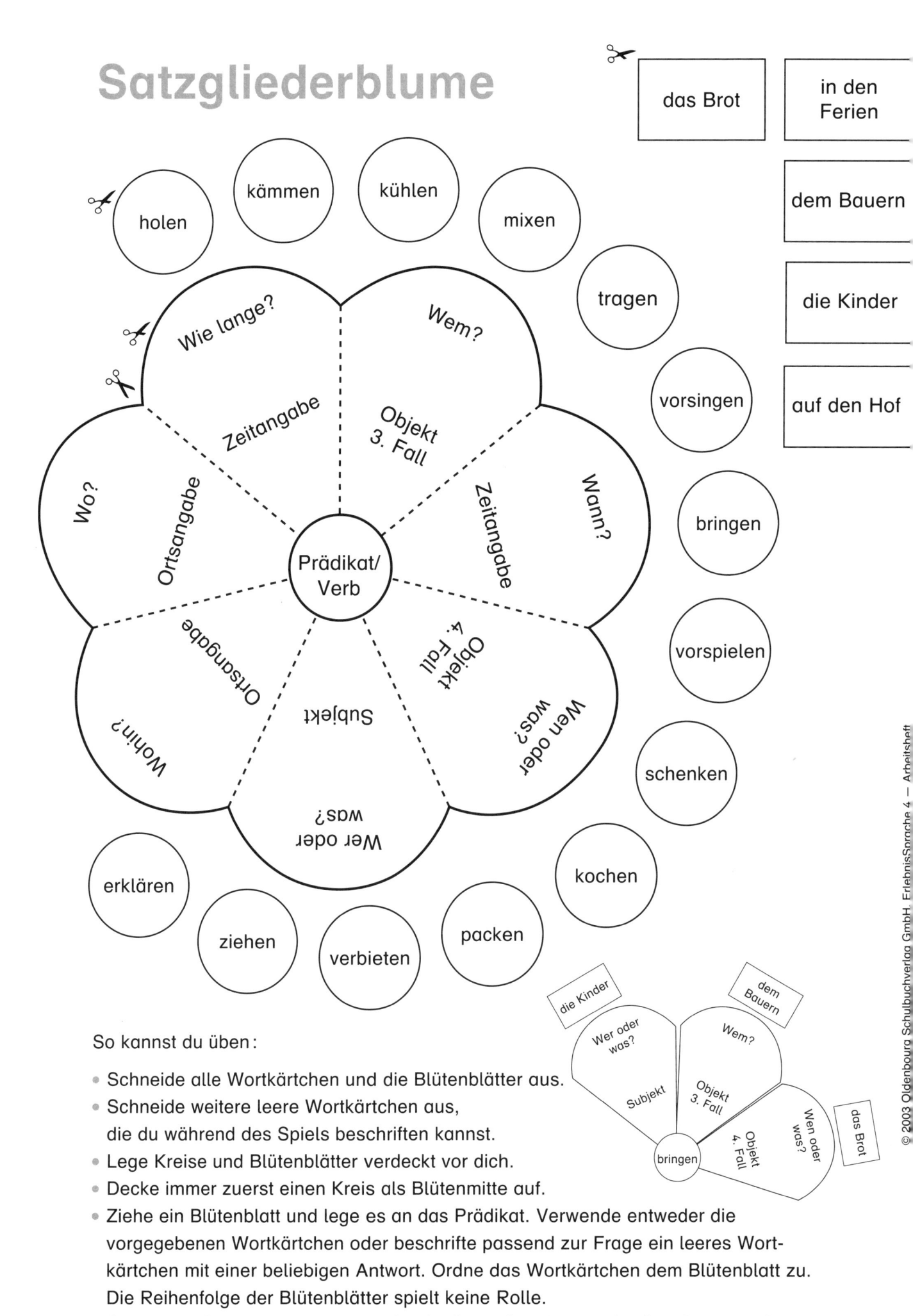

das Brot

in den Ferien

dem Bauern

die Kinder

auf den Hof

holen

kämmen

kühlen

mixen

tragen

vorsingen

bringen

vorspielen

schenken

kochen

packen

verbieten

ziehen

erklären

Flower petals (Blütenblätter):

- Wie lange? — Zeitangabe
- Wem? — Objekt 3. Fall
- Wo? — Ortsangabe
- Zeitangabe — Wann?
- Prädikat/Verb
- Wohin? — Ortsangabe
- Subjekt
- Objekt 4. Fall
- Wer oder was?
- Wen oder was?

Mini-Blume:
- die Kinder — Wer oder was? — Subjekt
- dem Bauern — Wem? — Objekt 3. Fall
- das Brot — Wen oder was? — Objekt 4. Fall
- bringen

So kannst du üben:

- Schneide alle Wortkärtchen und die Blütenblätter aus.
- Schneide weitere leere Wortkärtchen aus,
  die du während des Spiels beschriften kannst.
- Lege Kreise und Blütenblätter verdeckt vor dich.
- Decke immer zuerst einen Kreis als Blütenmitte auf.
- Ziehe ein Blütenblatt und lege es an das Prädikat. Verwende entweder die
  vorgegebenen Wortkärtchen oder beschrifte passend zur Frage ein leeres Wort-
  kärtchen mit einer beliebigen Antwort. Ordne das Wortkärtchen dem Blütenblatt zu.
  Die Reihenfolge der Blütenblätter spielt keine Rolle.
- Sobald ein Satz entstanden ist, schreibe ihn auf. Je länger der Satz ist, umso besser.
- Du kannst auch mit dem Partner oder in der Gruppe üben.

© 2003 Oldenbourg Schulbuchverlag GmbH ErlebnisSprache 4 – Arbeitsheft

Rechtschreib-Tipps

Mit diesen Rechtschreib-Tipps für deinen Karteikasten kannst du üben.

So schreibe ich wörtliche Rede mit Redebegleitsatz auf.

Tina ruft: „Komm zu mir!"

Bei wörtlicher Rede kann der Redebegleitsatz auch hinten stehen. Dann setze ich ein Komma davor.

„Komm zu mir", ruft Tina.

Wörter mit den Nachsilben -heit, -keit, -ung, -nis und -schaft sind Nomen. Ich schreibe sie groß.

die Dummheit

Ich schreibe Wörter mit lang gesprochenem i-Laut meistens mit ie.

Ausnahmen muss ich mir merken: Maschine, Igel, …

fließen

Vor einem doppelten Mitlaut klingt der Selbstlaut kurz.

kommen

Ich spreche ganz deutlich in Silben, wenn ich die Wörter trenne.

Schif-fe, pa-cken

Groß oder klein?

Ich überprüfe Wörter mit dem Wortartenbaum.

fließen, Spaß

Wörter mit ß muss ich mir merken.

Doppelte Mitlaute bei Verben kann ich hören, wenn ich sie in die Grundform setze. Ich spreche deutlich.

muss – müssen

Der Selbstlaut vor ß wird lang gesprochen.

räumen kommt von Raum

Ich suche verwandte Wörter.

Manchmal kann ich das h hörbar machen.

geht – gehen
steht – stehen
sah – sahen

Wörter mit der Vorsilbe ver- oder vor- schreibe ich mit v.

verbrennen, Vorfahrt
Verschmutzung, vorsagen

Steht b oder p, g oder k, d oder t am Wortende? Ich verlängere.

Hund – Hunde   kalt – kälter
krank – kränker lang – länger
knapp – knapper lieb – lieber

Bei zusammengesetzten Wörtern verrät mir das letzte Wort die Wortart.

haus**hoch**
das Hoch**haus**

Schlage im Wörterbuch nach.

© 2003 Oldenbourg Schulbuchverlag GmbH, ErlebnisSprache 4 — Arbeitsheft

Streifen-Zeiten

Schneide die Zeiten-Streifen aus.

Zukunft
1. Vergangenheit
2. Vergangenheit
Gegenwart
Pause

Schneide die Pronomen-Streifen aus.

ich
du
er, sie, es
wir
ihr
sie (Mehrzahl)

Schneide die Verben-Kärtchen aus.

aufräumen	beobachten	blicken	drehen
erklären	erwarten	frieren	führen
gewinnen	hoffen	informieren	klettern
leuchten	mixen	packen	riechen
sammeln	schließen	schwitzen	wissen

Er wird packen.

So kannst du mit deinem Partner spielen:

- Nimm die Zeiten-Streifen in die eine Hand und die Pronomen-Streifen in die andere Hand. Die Wörter müssen dabei verdeckt sein.
- Die Kärtchen mit den Verben werden verdeckt auf den Tisch gelegt.
- Dein Partner zieht einen Pronomen-Streifen und einen Zeiten-Streifen. Er deckt ein Verben-Kärtchen auf. Nun bildet er die entsprechende Form.

Witzige Rede

Male die Redekärtchen in den angegebenen Farben
an und schneide sie aus.

blau	Redezeichen

gelb	Redebegleitsatz	**blau**	Doppelpunkt	**blau**	Redezeichen
orange	wörtliche Rede	**grau**	Satzzeichen am Ende der wörtlichen Rede	**grau**	Komma nach wörtlicher Rede

Schneide die Witzkärtchen aus. Lege sie jeweils auf einen Stapel.

„Frau Anlage, wollen Sie Ihr Kind wirklich Claire nennen?", fragt die Nachbarin.	*Der Malerlehrling fragt den Meister: „So, Chef. Die Fenster sind gestrichen. Was soll ich mit den Rahmen machen?"*	*„Meine Mutter versteht von Kindern nicht viel. Sie steckt mich ins Bett, wenn ich noch hellwach bin, und weckt mich, wenn ich noch todmüde bin!", klagt der kleine Philipp seinem Freund.*	*„Bitte sag mir Bescheid, wenn du diese Nachricht nicht erhalten hast", spricht Laura auf Ayses Anrufbeantworter.*
Hobbyangler Max sagt auf dem Fischmarkt zur Verkäuferin: „Fünf Forellen! Sie brauchen sie nicht einzupacken. Werfen Sie sie mir einfach zu, damit ich zu Hause sagen kann, dass ich sie selbst gefangen habe."	*„Ich wollte Ihnen nur sagen, dass die Feuerwehr gerade Ihre leichte Gewitterneigung aus meinem Keller pumpt!", ruft ein Mann erzürnt beim Wetteramt an.*	*Paula läuft zu ihrer Mutter und ruft: „Mutti, komm mal schnell in die Küche, denn Bello hat zwei von drei Koteletts gefressen – deines und das von Papi!"*	*Lisa macht zum ersten Mal Bekanntschaft mit Nebel. Ganz entsetzt kommt sie ins Haus und ruft: „Mutti, komm mal schnell mit nach draußen, die ganze Luft ist verschimmelt!"*
„Das sind aber dünne Nudeln", meint der Gast und zeigt dem Ober ein Haar in seiner Suppe.	*Ruth sitzt in der Badewanne und schimpft: „So eine idiotische Medizin! Drei Tropfen täglich in warmem Wasser einnehmen."*	*„Du brauchst gar nicht so zu zittern, ich esse dich trotzdem", sagt Fritzchen zum Wackelpudding.*	*Karlchen verlor im Gedränge seine Mama. Als er endlich einen Polizisten sieht, fragt er: „Herr Polizist, haben Sie vielleicht eine Frau ohne mich gesehen?"*

Spielmöglichkeiten:

- Ein Kind zieht ein Redekärtchen und ein Witzkärtchen. Es zeigt auf dem Witzkärtchen den Teil, der auf dem Redekärtchen angegeben ist.
- Ein Kind zieht zwei Redekärtchen und ein Witzkärtchen. Alle Kinder schreiben den Teil des Witzes auf, der auf den Redekärtchen angegeben ist. Sie verwenden die entsprechende Farbe der Redekärtchen.
- Die Redekärtchen liegen aufgedeckt auf dem Tisch. Ein Kind zieht ein Witzkärtchen. Es deutet auf einen Teil des Witzes. Das andere Kind sucht das passende Redekärtchen.
- Ein Kind legt die Redekärtchen in eine bestimmte Reihenfolge. Ein anderes Kind sucht einen passenden Witz. Oder es zieht eine Witzkarte und schreibt den Witz so auf, dass er zu den Redekärtchen passt.

Lösungen der Logikübungen:

S. 1	[matchstick figure]
S. 4	braun
S. 7	[2-cell diagram with o and •]
S. 10	b) nicht bestimmbar
S. 13	[3×2 grid with dots]
S. 16	11 blaue und 12 rote Bälle
S. 19	der mittlere Steinzeitmensch
S. 22	b) 6 Möglichkeiten
S. 25	Koffer
S. 28	Tinas Haus (Haus 2)
S. 31	d) Stefano

1. Setze Wörter mit **s**, **ss** oder **ß** ein.

Mit einem _____ sperre ich die Türe auf.

Schokolade ist _____. Regen ist _____.

Aus der _____ trinke ich Tee.

Meine Eltern geben mir die _____ ins Kino zu gehen.

2. Findest du das Gegenteil?

innen – _____   Verbot – _____   leer – _____

trocken – _____   sauer – _____   viel – _____

3. Findest du zehn Wörter? Kreise ein. Schreibe vier schwierige auf.

M	O	B	K	Y	K	A	L	I	N	T	O	U	F	T	N
W	D	E	U	T	L	I	C	H	O	M	S	I	O	S	I
E	O	R	S	M	D	A	S	S	B	R	L	C	B	A	C
N	X	E	S	S	L	F	N	A	S	S	K	H	R	S	H
I	E	I	K	U	N	K	M	P	R	L	B	T	M	L	T
G	D	T	D	I	I	M	D	V	O	L	L	A	K	O	L
R	R	S	K	N	M	R	T	A	R	P	U	A	B	E	R

_____

_____

_____

_____

4. Ergänze diese Wörter. Die Wörterliste hilft dir.

____ ass   ____ ei ____   ____ en ____   ____ t ____

____ ass ____   ____ ei ____   _____ en   _____ t _

____ ass   ____ ei ____   _____ en   T _____

5. Welche Silben gehören zusammen? Male in einer Farbe an.
Schreibe die Wörter auf. Achte auf die Groß- und Kleinschreibung.

reits, deut, al, ßen, ber, be, so, ßen, schlüs, we, er, sel, lich, nig, au, tas, a, nis, laub, rei, se

_____

_____

_____

_____

_____

_____

Wie viele Wörter mit ß sind bei Aufgabe 2?

1. Schreibe acht Wörter mit **ss** und acht Wörter mit **ß** auf.
Unter einen kurz gesprochenen Selbstlaut setzt du einen Punkt,
unter einen lang gesprochenen einen Strich.

ss: *Schluss,* _____

_____

ß: *schließen,* _____

_____

2. Setze **s**, **ss** oder **ß** ein. Überprüfe mit dem Wörterbuch.

Ta____e   Moo____   Va____e   wei____   Fu____ball

kü____en   gro____   Ra____el   Ra____en   Gru____

We____en   mü____en   Ho____e   au____en   Ha____

3. Finde zu jedem Bild zwei Wörter mit ss.

_____ _____ _____

_____ _____ _____

4. Vervollständige die Sätze.

Es ist das größte Kamel, **das** _____.

Das Zelt ist so groß, **dass** _____.

Im Programm steht, **dass** _____.

Im Regal steht das Buch, **das** _____.

Steinzeit

1. Drei Steinzeitmenschen treffen sich. Jeder hat eine Waffe, einen Gegenstand und ein erlegtes Tier. Male oder schreibe dazu.

- Den Höhlenbär hat der Steinzeitmensch mit den Lederschuhen erlegt.
- Der Steinzeitmensch, der den Wolf gefangen hat, steht neben dem mit der Knochenkette.
- Der erste Steinzeitmensch trägt eine Knochenkette.
- Das Mammut wurde von dem Steinzeitmenschen mit dem Speer erlegt.
- Der Steinzeitmensch mit dem Steinbeil hat keinen Lederbeutel.

Wer besitzt das Steinmesser? _____

2. Unterstreiche in Aufgabe 1 alle zusammengesetzten Nomen.

3. Welche zusammengesetzten Nomen kannst du mit diesen Wörtern bilden? Schreibe auf. Unterstreiche Veränderungen.

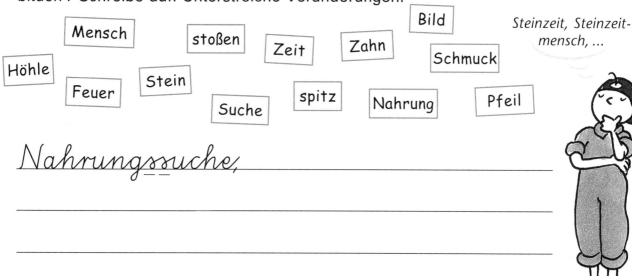

Steinzeit, Steinzeitmensch, ...

Nahrungssuche,

zu Seite 63

Zähle alle Punkte an den Satzenden auf dieser Seite. Verdopple.

1. Stelle zum Bild Fragen: Wo? Woher? Wohin?
Schreibe nur die Antworten auf und unterstreiche die Ortsangabe braun.

_____
_____
_____
_____
_____

2. Unterstreiche im Text alle Zeitangaben orange.

In der Altsteinzeit war das Klima viel kälter als heute. Damals entstanden die ersten Höhlenbilder. Etwa 10000 vor Christus bauten die Menschen bewegliche Unterkünfte aus Schilfmatten. Es dauerte aber noch ungefähr 4000 Jahre, bis die Menschen sesshaft wurden. Sie bauten sich Erdhütten. Seit der Jungsteinzeit gibt es feste Häuser mit vier Wänden.

3. Schreibe Steinzeit-Sätze mit Ortsangaben und Zeitangaben.

_____
_____
_____
_____
_____

20 zu Seite 60/61

1. Setze mit den Buchstaben auf den Steinen acht weitere Wörter zusammen. Verwende für jedes Wort eine andere Farbe. Schreibe die gefundenen Wörter auf.

stark, _____

_____

kräftig – Fett – wo – wann – Stück – spät – seit – wild

2. An der Höhlenwand sind die Wörter nicht mehr deutlich zu erkennen. Spure nach.

seit　　Schutz　　informieren

schrecklich　　bauen　　nähen

kräftig　　spitz　　scharf　　frieren

3. Spiele „Gefülltes Mammut". Fülle die Lücken zwischen den Buchstaben mit sinnvollen Wörtern aus.

S	PU	K
T	IE	R
A	___	A
R	___	T
K	___	S

R	___	N
E	___	E
N	___	N
N	___	N
E	___	E
N	___	R

Z	___	N
I	___	E
E	___	H
H	___	E
E	___	I
N	___	Z

Verdopple die Silbenzahl der durchgestrichenen Wörter von Aufgabe 4.

Alles Müll?

1. Es werden Container in einer Reihe aufgestellt: ein Papiercontainer (P), ein Glascontainer (G) und ein Weißblechcontainer (W). Wie viele Möglichkeiten gibt es, die Container in unterschiedlicher Reihenfolge nebeneinander zu stellen?

    a) 3   **b)** 6   **c)** 9   **d)** 12

2. Schreibe jeweils möglichst viele Beispiele auf.

brennen · Magnet · Hitze · Heizung · herstellen · Beispiel · ganz Durst · Haufen · deutsch · Entwicklung · ungefähr · Schmutz riechen · spazieren · Recycling · Sammlung · wiegen · mehr

Arbeitswort und Reimwort	*brennen – rennen,* _____
zusammengesetzte Wörter mit Arbeitswörtern	*Deutschland,* _____
Arbeitswort und Wort aus der Wortfamilie	*Durst – durstig,* _____

3. Setze die fehlenden Silben ein. Die Wörter bei Aufgabe 2 helfen dir.

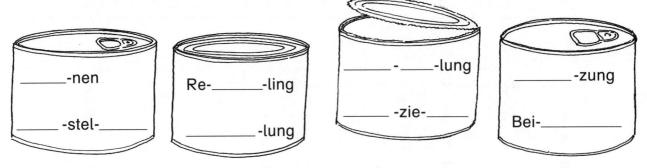

4. Was gehört nicht zur Wortfamilie? Streiche durch. Suche ein weiteres Familienmitglied.

Lauf – verlaufen – faul – Rennläufer _____

Abfall – Falter – fällt – Fallobst _____

Waage – abwiegen – Wagen – gewogen _____

1. Kreise alle Subjekte blau und alle Prädikate rot ein.

Manche Autos können mit umweltfreundlichem Pflanzenöl fahren.

Bei den meisten Autofahrten sitzen nur ein bis zwei Personen im Wagen.

Aus den Auspuffgasen filtert ein Katalysator einige Schadstoffe heraus.

Bei vielen Autofahrten werden weniger als drei Kilometer zurückgelegt.

2. Bestimme die Fälle der fett gedruckten Nomen. Schreibe dahinter.

Müll im Mittelalter

Die **Leute** (1.) warfen **Küchenabfälle** ( ) auf die Straße.

Herumlaufende **Schweine** ( ) fraßen diesen **Müll** ( ) auf.

Den **Inhalt** ( ) der **Nachttöpfe** ( ) schütteten viele **Menschen** ( )

zum Fenster hinaus. Manche **Häuser** ( ) hatten

unterirdische **Gruben** ( ). Üble **Gerüche** ( )

stachen allen **Leuten** ( ) ständig in die Nase.

3. Erweitere die Sätze mit Objekten.
Kreise Objekte im 3. Fall grün und im 4. Fall gelb ein.

Der Hausmeister zeigt _____

_____

Sebastian schreibt auf selbst geschöpftem Papier _____

_____

Katharina bastelt aus Müll _____

_____

Wie viele Ortsangaben hast du bei Aufgabe 1 gefunden?

In vielen armen Ländern wohnen Menschen ihr Leben lang auf Müllplätzen. Sie sammeln von morgens bis abends Abfall auf der Müllkippe. Auch aus den Mülltonnen reicher Leute holen sie immer wieder verwertbare Dinge. Was sie in Wagen und Körben sammeln, verkaufen sie später an Altstoffhändler. Jeden Tag müssen auch schon die kleinsten Kinder in der Familie durch die Gegend ziehen und beim Sammeln mithelfen.

1. Unterstreiche Ortsangaben braun und Zeitangaben orange.

2. Lies den Vergleich über die Jogurtgefäße. Schreibe einen eigenen Vergleich in Stichpunkten. Wähle aus den Vorschlägen oder suche ein neues Beispiel.

Jogurt im Plastikbecher	Jogurt im Glas
• wird nur einmal befüllt	• wird 20–80 Mal befüllt
• nicht alle Kunststoffe können recycelt werden	• Altglas kann vollständig recycelt werden
• nicht alle wiederverschließbar	• immer wieder verschließbar

Korb / Plastiktüte

Batterien / Akkus

Sterne und Planeten

1. Drei Astronauten treffen sich auf dem Mond. Zeichne zu jedem Astronauten das entsprechende Zubehör. Male die Raumanzüge an und zeichne das entsprechende Muster in die Helme.

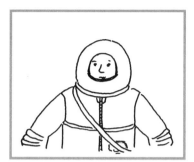  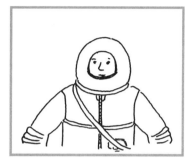

- Das Radio gehört dem Astronauten mit dem roten Raumanzug.
- Der Astronaut mit dem Koffer steht neben dem Astronauten mit dem blau-weiß gestreiften Raumanzug.
- Der Astronaut mit dem Sternenhelm trägt einen Miniroboter in der Hand.
- Der erste Raumfahrer trägt einen blau-weiß gestreiften Raumanzug.
- Der Astronaut mit dem gepunkteten Helm trägt keinen grünen Raumanzug.

Welches Zubehör hat der Astronaut mit dem karierten Helm? _____

2. Sternenhimmel

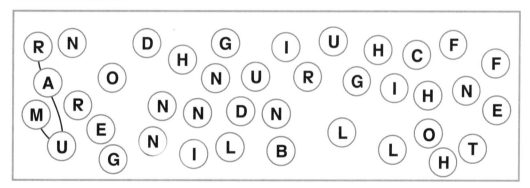

Kannst du diese Wörter bilden?
Raum, blind, hungrig, hoffentlich, donnern
Schreibe sie auf. Ergänze verwandte Wörter.

☆ _____ | _____
☆ _____ | _____
☆ _____ | _____
☆ _____ | _____
☆ _____ | _____

zu Seite 77/80

⊕RL⊕B⊓⊡S SCH∇LT⊕R T⊕CH⊓⊡K Z⊕UG⊓⊡S
⊕LTG⊕G⊕⊓ GLÜH⊕⊓ ⊕MPF⊕⊡DL⊡CH B⊕R⊕⊕T

Vervierfache die Anzahl der Doppelmitlaute bei Aufgabe 4.

1. Geheime Botschaften
Kannst du die Geheimschriftwörter entschlüsseln? Schreibe sie auf.

_____

_____

2. Bilde aus den Wortbausteinen möglichst viele Wörter mit der Vorsilbe **ent -**.

en	wick	ung	en	nen	geg	rie	schul	ung	~~gen~~	men
scheid	wurf	zünd		sprech	fen	pup	~~di~~	eln	lung	wisch
bar	lau	hal	behr	geln	en	schärf	pen	ten	end	neh	schen

entschuldigen, _____

_____

_____

_____

_____

3. Bilde einen Satz mit zwei Wörtern mit der Vorsilbe **ent-**. Schreibe ihn auf.

_____

_____

4. Schreibe die Botschaften so auf, wie wir sie auf der Erde schreiben.

_____

_____

NIEMAND KANN MIT BESTIMMTHEIT SAGEN, WIE VIELE STERNE AM HIMMEL STEHEN.

VIELE STERNE SIND SO WEIT ENTFERNT, DASS WIR SIE AUCH MIT DER BESTEN TECHNIK NICHT SEHEN KÖNNEN.

1. Setze passende Bindewörter ein.

Zu unserem Sonnensystem gehören die Sonne _____ alle Himmelskörper, die sie umkreisen. Die Sonne ist nicht der größte Stern im All. Sie erscheint nur deshalb so groß, _____ sie dichter an der Erde ist. Die anderen Sterne sind teilweise sehr viel größer, _____ sie sind viel weiter weg. Die Sonne hat auf ihrer Oberfläche dunkle Flecken. Diese Punkte erscheinen etwas dunkler, _____ sie kühler als ihre Umgebung sind. Man darf nicht mit bloßem Auge in die Sonne hinein sehen, _____ man sich sonst die Netzhaut verbrennt. Der Mond ist kein Stern, _____ leuchtet er nicht selbst. Die Sonne strahlt ihn an.

| da | aber | und | darum | weil | dass | deshalb |

2. Verbinde die zusammengehörenden Satzteile mit passenden Bindewörtern. Schreibe sie auf.

_____
_____
_____
_____
_____

Wie viele Wörter haben bei Aufgabe 2 ein ck?

Klangwelten

1. Drei verschiedenfarbige Häuser stehen nebeneinander. In jedem Haus spielt ein Kind ein Instrument. Fülle die Tabelle aus. Male.

	Name	Instrument	Farbe
Haus 1			
Haus 2			
Haus 3			

   - Im weißen Haus wird Geige gespielt.
   - Rachel wohnt im roten Haus.
   - Im dritten Haus steht ein Klavier.
   - Das Haus, in dem Tina wohnt, besitzt ein Schlagzeug. Es steht neben dem Haus mit dem Klavier.
   - Tom spielt Geige.

   Wessen Haus ist gelb? _____

2. Bei diesen Wörtern fehlen die doppelten Mitlaute oder das ck. Schreibe sie richtig auf. Prüfe mit der Wörterliste.

   Scha • Brüe • de • Weer • dü • Ee

   Gewier • Doer • schüeln • aufween

   _____

   _____

   _____

3. Kennst du das Gegenteil? Schreibe auf.

   alles _____ links _____ Windstille _____

   Stille _____ niemand _____

4. Bilde einen Unsinnssatz mit diesen vier Arbeitswörtern:

   _____

   _____

1. Setze **in** und **ihn**, **im** und **ihm** richtig ein.

Daniel hört _____ Zimmer immer laute Musik. Seine Mutter fragt _____ : „Kannst du bei dem Lärm überhaupt lernen?" Das ist _____ aber egal. Er denkt sich: „ _____ meinem Zimmer kann ich Musik hören, so laut ich will." Wie denkst du darüber?

2. Kannst du das Rätsel lösen? Schreibe auf.

Jemanden wach machen:

Donner und ...:

Es ist sehr laut:

Er läutet in der Früh:

rütteln:

Nicht links, sondern ...

Die Bäume ... sich im Wind:

Ein Quadrat hat vier:

Reimt sich auf Knall:

Doktor:

Das Gegenteil von alles:

Ein anderes Wort für Unwetter:

3. Wenn du die Buchstaben in den grauen Kästchen liest, weißt du, ob du das Rätsel richtig gelöst hast. Schreibe die Lösungswörter auf.

_____

4. Überspringe immer eine Silbe. Schreibe die acht Wörter auf.

DonBrünerckejeferman dtigbieÄrzgenteschütstürtelnmen

_____

_____

Zähle die Silben der Wörter vom Wortfeld **sehen** bei Aufgabe 1. Zähle 6 dazu.

kichern, rattern, betrachten, prasseln, erblicken, anschauen, beobachten, schmunzeln, lächeln, grinsen, rennen, schlendern, summen, laufen, knattern, spurten

1. Schreibe die Wörter aus den verschiedenen Wortfeldern in die Tabelle.

Wortfeld gehen	Wortfeld lachen	Wortfeld sehen	Wortfeld Geräusche machen

2. Wähle aus jedem Wortfeld ein Wort. Bilde je einen Satz.

_____

_____

_____

_____

3. Ersetze **gehen** durch ein treffendes Wort aus dem Wortfeld.

Familie Meier geht durch den Wald. _____

Kemal geht den Berg hinauf. _____

Martina geht durch den Park. _____

Tim geht über den Sportplatz. _____

Die Katze geht durch die Nacht. _____

Europa

1. Eine Familie mit vier Jungen fährt mit dem Campingbus quer durch Europa. Alle vier haben einen Gegenstand auf dem Schoß liegen. Sie sitzen hintereinander. Der hinter Alberto hat einen Walkman. Tonio sitzt hinter Donato. Vor Stefano sitzt der mit dem Buch. Alberto sitzt vorn. Der auf dem Platz vor Donato hat Inlineskates.

Wer hat das Autoheft auf dem Schoß?

a) Tonio   **b)** Alberto   **c)** Donato   **d)** Stefano

2. Auf Wörtersuche. Mit den Buchstaben der Arbeitswörter kannst du viele neue Wörter bilden. Schreibe sie auf:

EUROPA   OPA   EURO   RAP   RAU   RAUPE   PORE   ER

SCHWIMMEN _____

ENTFERNUNG _____

FRIEDLICH _____

3. Wähle dir ein eigenes Sternchenwort und gib es einem Kind, mit dem du selten sprichst. Versucht gemeinsam viele neue Wörter zu finden. Schreibt sie auf.

Zähle die Redensarten in Lisas Geschichte.

1. Obwohl Lisa und Yasemin dieselbe Sprache sprechen, versteht Yasemin Lisas Geschichte nicht. Unterstreiche jede Redensart mit einer anderen Farbe.

Gestern kam mein Bruder Tobi wie von der Tarantel gestochen nach Hause gerannt. Dort vergrub er sich in seinem Zimmer. „Welche Laus ist dir denn über die Leber gelaufen?", wollte ich wissen. Tobi schwieg. „Los, lass dir nicht jeden Wurm einzeln aus der Nase ziehen", lag ich ihm in den Ohren. „Ach, ich muss mit Stefano noch ein Hühnchen rupfen", schimpfte Tobi. „Der ist mir heute so auf den Wecker gegangen, dass ich gar nicht richtig spielen konnte." „Ärgere dich nicht. Es wird nichts so heiß gegessen, wie es gekocht wird", antwortete ich.
„Wie bitte?", entgegnete Tobi. „Aber Tobi, du bist doch sonst nicht so auf den Kopf gefallen", kicherte ich belustigt.

2. Suche dir eine Redensart aus und erkläre sie. Schreibe deine Erklärung auf.

_____

_____

3. Damit dir in den Ferien nicht langweilig wird, kannst du mit einem Freund oder einer Freundin etwas unternehmen. Schreibe eine Einladungskarte.

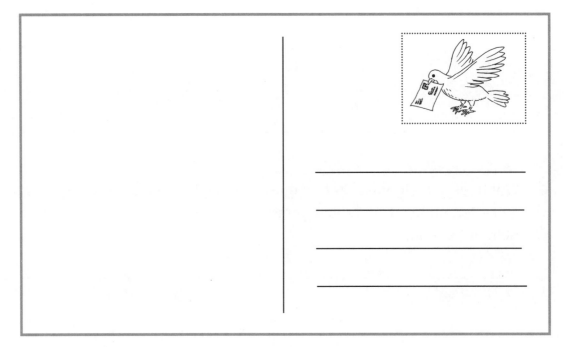